Christopher **Vasey**

Ilustraciones de Sophie **Lambda**

Detox

4 semanas para purificar tu cuerpo

terapias**verdes**

Argentina – Chile – Colombia – España
Estados Unidos – México – Perú – Uruguay – Venezuela

Título original: *Détox*
Editor original: Éditions Jouvence, Saint-Julien-en-Genevois Cedex, France / Thônex (Geneve), Suisse
Traducción: Quim de Nys

1ª edición Noviembre 2016

ISBN: 978-84-15612-80-3

Depósito legal: B-21362-2016

Fotocomposición: Ediciones Urano, S.A.U.

Impreso por: UNIGRAF, S.L.
Avda. Cámara de la Industria, 38 – 28938 Móstoles (Madrid)

Impreso en España – *Printed in Spain*

ÍNDICE

Introducción

Cuando empezamos a sentirnos cansados, fatigados, oxidados o incluso enfermos, cuando hemos perdido la vivacidad, el ímpetu y la alegría de vivir, entonces ha llegado el momento de desintoxicarse.

Efectivamente, según la medicina natural la sobrecarga de toxinas en nuestro organismo es la causa profunda de nuestro malestar y de nuestras enfermedades. Por consiguiente, eliminar todas esas sustancias nocivas que saturan nuestra sangre y nuestros tejidos —o, lo que es lo mismo, desintoxicarse— es la tarea que más nos urge realizar.

Muchas personas quieren desintoxicarse, pero no saben cómo hacerlo. No saben por dónde empezar ni cómo actuar. Algunas personas se lanzan de todos modos, pero no están seguras de estar haciendo lo correcto y, por este motivo, abandonan la cura en cuanto se tropiezan con la primera dificultad o incertidumbre.

El programa de desintoxicación que proponemos aquí trata de poner remedio a estos obstáculos. Explica exactamente qué hay que hacer y cuándo.

Esta cura de desintoxicación se desarrolla en 4 semanas. Es el tiempo mínimo para eliminar las toxinas que se acumulan desde hace meses o desde hace años en el organismo. Es asimismo el tiempo necesario para introducir las distintas técnicas de desintoxicación y permitir que el lector se familiarice con ellas.

La cura de desintoxicación se desarrolla en torno a tres grandes ejes:

➡ 1. La estimulación de los emuntorios

Los intestinos, el hígado, los riñones, la piel y los pulmones son los órganos encargados de filtrar los residuos en la sangre y eliminarlos hacia el exterior del organismo. Son por lo tanto las puertas de salida obligatorias de las toxinas. Estimularlas es sustentar e intensificar la desintoxicación del organismo.

➡ 2. Una ingesta suficiente de agua

El agua es el soporte indispensable para el transporte de las toxinas en el interior de nuestro cuerpo y para su eliminación a través de los emuntorios. Beber lo suficiente e incluso —durante cierto tiempo— más allá de nuestras necesidades normales, tiene un efecto desintoxicante.

3. La dieta

No basta con eliminar las toxinas, también debemos evitar introducir demasiadas toxinas en nuestro organismo. Ahora bien, los alimentos que consumimos son la fuente principal de toxinas. Un ajuste alimentario y ciertas dietas permiten reducir la ingesta de toxinas y favorecer su eliminación.

Este programa de desintoxicación es conveniente para todos y por ello no es demasiado estricto. Cualquiera puede seguirlo mientras realiza sus actividades profesionales. Pese a la sencillez de su puesta en práctica, efectúa un limpieza profunda de nuestro organismo y nos devuelve toda nuestra energía, salud y vitalidad.

¡Regálate 4 semanas de desintoxicación!

CUESTIÓN DE VOCABULARIO

En sentido estricto, el término **toxina** sólo debería emplearse para designar los desechos producidos por el propio cuerpo (ácido úrico, colesterol, etc.). En la práctica, se utiliza también para designar las sustancias tóxicas que penetran en el cuerpo con la contaminación, los medicamentos, las drogas... o las sustancias vinculadas a los alimentos, como los herbicidas, los insecticidas... y los aditivos alimentarios.

Los **emuntorios** son los órganos encargados de filtrar la sangre y de expulsar las toxinas hacia el exterior del cuerpo, se trata del hígado, los intestinos, los riñones, la piel y los pulmones.

Los **drenantes** son medios diversos: plantas medicinales, baños calientes, etc., que estimulan el trabajo de depuración y de eliminación de los emuntorios.

El **terreno** es el entorno líquido en el que se encuentran las células. Está compuesto por los sueros intra- y extracelulares, la linfa y la sangre. La salud de las células y, por ende, de todo el cuerpo, depende de la calidad de estos líquidos.

SEMANA 1

Elimino las toxinas y dreno

A lo largo de esta primera semana, empezarás a desintoxicar estimulando dos emuntorios: los intestinos, ya que son el emuntorio que elimina la mayor cantidad de toxinas, y la piel, porque tiene una función eliminadora polivalente. Asimismo, empezarás a beber más para ofrecer un buen soporte a la eliminación de las toxinas. Finalmente, adoptarás una primera medida dietética: la eliminación de los falsos alimentos.

Lo que debo comprar:
➡ tintura madre de frángula 30 ml.

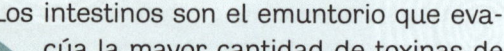

Los intestinos son el emuntorio que evacúa la mayor cantidad de toxinas de nuestro cuerpo. Se trata de las partículas alimentarias que el cuerpo no ha asimilado o que no utiliza, de las toxinas expulsadas por el hígado en la bilis y de las toxinas desasimiladas por las paredes intestinales.

En conjunto, estos residuos forman las heces que deben salir rápidamente de los intestinos. El estancamiento de las heces es perjudicial por tres motivos:

- Una parte de las toxinas es reasimilada al mismo tiempo que los nutrimentos (autointoxicación).
- Las heces fermentan y se pudren, lo cual produce numerosos venenos.
- Los residuos se depositan sobre la pared del colon y se acumulan allí en forma de costras y depósitos, lo cual puede llegar a representar varios kilos de materia en ciertas personas.

Unos intestinos que funcionan bien se vacían a diario. Las heces son ligeramente húmedas y su consistencia es blanda. Desprenden poco olor y no están acompañadas por gases. Salen con facilidad: no hace falta empujar.

La velocidad del tránsito intestinal es asimismo importante. Los alimentos deben ser eliminados por las heces entre 24 y 36 horas después de su consumo. Más allá de 48 horas, las heces tienden a fermentar y pudrirse.

COMPRUEBA LA VELOCIDAD DE TU TRÁNSITO INTESTINAL

Durante una comida, ingiere una cantidad considerable de remolacha o de espinacas. Estos alimentos tiñen las heces de color rojo y verde, respectivamente. Observa tus próximas heces: de este modo, constatarás el tiempo que transcurre hasta que salen coloreadas.

	1.er test	2.º test
Día y hora del consumo		
Día y hora de la eliminación		
Velocidad del tránsito intestinal		

Para determinar si tus intestinos funcionan bien o mal, responde a las siguientes preguntas marcando las casillas correspondientes con una cruz.

11

¿CÓMO FUNCIONAN MIS INTESTINOS?

Frecuencia de las heces:
☐ 2x/d ☐ 1x/d   ☐ cada dos d ☐ cada tres d ☐ más

Consistencia:
☐ blanda ☐ húmeda   ☐ seca ☐ dura

Olor:
☐ débil   ☐ fuerte

Gases:
☐ ausentes   ☐ presentes   ☐ numerosos

Necesidad de empujar:
☐ no   ☐ débil   ☐ fuerte   ☐ muy fuerte

Velocidad de tránsito:
☐ 12 - 24 h ☐ 36 h   ☐ 48 h ☐ más

Análisis de las respuestas:

- *Más cruces a la derecha de la línea divisoria: tus intestinos son perezosos o muy perezosos y les urge ser estimulados.*
- *Tus intestinos se vacían de forma regular. No obstante, te aconsejamos que sigas el programa de estimulación de los intestinos, aunque sólo sea para evacuar los posibles depósitos que tengan acumulados.*

¿QUÉ DEBO HACER PARA FAVORECER LA EVACUACIÓN INTESTINAL?

El avance de las materias en los intestinos se produce gracias a las contracciones de sus paredes. Estas contienen músculos con forma de anillos. Al contraerse, reducen el espacio disponible para las materias, lo cual las empuja hacia la salida. La repetición de estas contracciones a lo largo de los intestinos se denomina peristaltismo intestinal.

En muchas personas, los músculos peristálticos son débiles y carecen de tonicidad. La forma más sencilla y eficaz de estimularlos para que trabajen más activamente es usar plantas medicinales con virtudes laxantes. Las más recomendadas son la malva, la frángula, el fresno, la casia...

¿QUÉ PLANTA?

Para este programa de desintoxicación, te aconsejo que utilices la **frángula** (*Rhamnus frangula*). Su acción es suave, pero continuada, y generalmente todo el mundo la soporta bien. La corteza reseca de esta planta se utiliza para hacer infusiones. Pero dado que tiene un gusto amargo, te recomiendo que la utilices en forma de tintura madre, que es un preparado a base de alcohol.

DOSIFICACIÓN

Puesto que cada persona reacciona de forma distinta a las plantas, la dosis es individual. Empieza por tomar la tintura madre de frángula a razón de 3 x 15 gotas, con un poco de agua, antes de las comidas. El objetivo que se persigue es que las heces se vuelvan más blandas para facilitar su evacuación. Tener dos o tres heces ligeramente descompuestas al día es normal en el transcurso de una cura de desintoxicación.

Si no se alcanza la meta con esta primera dosis, hay que ir aumentándola día tras día hasta lograr el resultado.

Así pues, 3 x 20 gotas el segundo día, 3 x 30 el tercero, etc. Se debe reducir la dosis cuando las heces se vuelven diarreicas.

Utiliza la siguiente tabla para encontrar la dosis adecuada. Una vez hayas fijado la dosis correcta (para lo cual precisarás de dos o tres días), mantenla durante toda la semana.

Planta Frángula	Número de tomas	Número de gotas	Número de heces	Evacuación (difícil, fácil...)
1.er día				
2.º día				
3.er día				
4.º día				
5.º día				
6.º día				
7.º día				

Los intestinos son un largo tubo formado por dos partes distintas: el intestino delgado, que mide 5 metros, y el colon, que constituye su prolongación y mide 1,5 metros. El intestino delgado tiene un diámetro de tan sólo 3 cm, mientras que el del colon, también denominado intestino grueso, es superior, situándose entre 3 y 5 cm.

Cada día, una masa importante de materiales penetra en los intestinos. Los procesos digestivos descomponen estos materiales en pequeñas partículas. Las que son útiles para el cuerpo son absorbidas; el resto, es decir, los residuos, es expulsado en forma de heces. Para llevar a cabo las transformaciones digestivas, los intestinos segregan cada día 3 litros de jugos intestinales. Este importante volumen de líquido no se elimina con las heces; es reabsorbido, aunque sólo parcialmente. En efecto, las heces necesitan agua para adquirir una consistencia que les permita ser fácilmente eliminadas. Cuando falta líquido, las heces se vuelven secas y duras y resultan difíciles de evacuar.

Dado que los intestinos son un tubo con muchas sinuosidades, las materias no progresan a lo largo de este por efecto de la fuerza gravitatoria, sino bajo el impulso de las contracciones de las paredes intestinales (el peristaltismo intestinal). Cuando los músculos encargados de estas contracciones son demasiado débiles o no están lo suficientemente estimulados debido a una carencia de fibras alimentarias, las materias progresan mal. Se estancan y permanecen demasiado tiempo en contacto con las paredes intestinales. Finalmente, estas últimas son agredidas por las toxinas. Debido a las microlesiones que así se producen, una parte de los residuos que deberían haber sido expulsados es absorbida. Estos residuos se acumulan en los tejidos, es decir, en el terreno, lo cual provoca una intoxicación cada vez mayor del organismo.

SEMANA 1

Anoto aquí los efectos de una semana de toma de frángula.

Dejo reposar mi hígado

Durante esta primera semana, no vamos a ocuparnos aún del hígado. El motivo es que el hígado segrega sus toxinas en los intestinos. Si estos funcionan mal, las toxinas permanecerán en el cuerpo sin ser eliminadas. Por consiguiente, antes de estimular el hígado más vale restablecer un buen tránsito intestinal.

Bebo mucha agua

El agua, y los líquidos en general, son un factor importante para la desintoxicación, ya que constituyen un soporte para el transporte de las toxinas.

La actividad celular produce inevitablemente toxinas, que son expulsadas en el suero extracelular y en la linfa. Estos líquidos transportan los residuos hasta la sangre, que, a su vez, los conduce hacia los emuntorios.

No obstante, los órganos excretores no pueden expulsar los residuos en estado puro. La concentración de sustancias irritantes y agresivas sería demasiado elevada para sus mucosas y se producirían lesiones. Para ser eliminados, los residuos se mezclan con líquido, lo cual desconcentra el producto excretado y facilita su transporte. Cada emuntorio elimina sus toxinas diluyéndolas en agua: los riñones en la orina, la piel en el sudor y el hígado en la bilis. A pesar de su aspecto sólido, las heces se componen de un 75% de agua.

Por lo tanto, para desintoxicar es indispensable que el cuerpo disponga de mucha agua. Por desgracia, muchas personas están constantemente en estado de ligera deshidratación porque no beben lo suficiente. ¿Eres una de esas personas?

¿QUÉ VOLUMEN BEBES A DIARIO?

Para determinar la cantidad de líquido que bebes a diario, mide durante todo un día el volumen de todas las bebidas que consumes y anótalo en la siguiente tabla. Tres días de medida serán suficientes.

Habitualmente, los vasos y las tazas que utilizamos son siempre los mismos. Si el volumen no aparece indicado en el recipiente, puedes determinarlo con ayuda de un vaso graduado.

¡Yuju!

El volumen de las bebidas procedentes de botellas, latas y tetrabriks aparece inscrito en la etiqueta.

Algunos líquidos tienen un alto poder hidratante. Se trata del agua, las infusiones y los zumos de frutas y verduras. Su volumen debe anotarse tal cual en la siguiente tabla. Otros líquidos tienen un poder hidratante bajo, porque contienen demasiadas sustancias que también precisan de agua para ser eliminadas. Por lo tanto, el cuerpo saca poco provecho de estas bebidas. Se trata del café, el té, las bebidas a base de chocolate, los refrescos industriales, el vino y la cerveza. Su volumen debe reducirse a la mitad para obtener un valor más próximo a la realidad.

	1.er día	2.º día	3.er día
Antes del desayuno			
Durante el desayuno			
Durante la mañana			
Durante el almuerzo			
Durante la tarde			
Durante la cena			
Al anochecer			
Total			

SEMANA 1

Una vez que conoces la cantidad que bebes cada día, te queda por averiguar cuánta agua deberías beber para proporcionar a tu cuerpo todo el líquido que necesita.

LA NECESIDAD DE AGUA DEL CUERPO

La necesidad de agua del cuerpo se corresponde con la cantidad de líquido eliminado cada día por el organismo. El líquido perdido debe ser imperativamente reemplazado por una ingesta equivalente para que el organismo no sufra carencias y permanezca en situación de equilibrio hídrico.

CONVIENE SABERLO

Cada día eliminamos en promedio 1,5 litros de orina, 0,5 litros de sudor, 0,4 litros de vapor a través de los pulmones y 0,1 litros de agua en las heces, lo cual representa 2,5 litros en total.

A primera vista, parecería que la absorción de líquido en forma de bebida debería ser inferior a 2,5 litros, dado que los alimentos también contienen líquidos. No obstante, para compensar el elevado consumo de sal y de alimentos concentrados, así como el estrés, se precisa una ingesta suplementaria de líquido. Teniendo en cuenta todos estos factores, se estima que la necesidad cotidiana de líquido en forma de bebida ronda los 2,5 litros.

¿BEBO LO SUFICIENTE?

Anota tu consumo diario de líquidos, y a continuación réstalo de la cantidad necesaria.

Mi necesidad de líquido:	2,5 litros
Mi consumo de líquido:	– ...... litros
Resultado:	...... litros

Resultado

Cifra negativa: *bebes más de lo que necesitas, sigue así.*

Cifra cero: *cubres satisfactoriamente tus necesidades de líquido, sigue así.*

Cifra positiva: *no bebes lo suficiente, aumenta tu consumo para alcanzar 2,5 litros al día.*

OBJETIVO

Tras los 3 días de medida, comienzo la cura de agua. De ahora en adelante bebo 2,5 litros de líquido al día, con el fin de favorecer un elevado tránsito de agua a través del cuerpo y ofrecer de esta forma un buen soporte a la eliminación de las toxinas.

Las bebidas recomendadas son el agua y las infusiones, así como los zumos de frutas y verduras, ya sean puros o diluidos en agua.

SEMANA 1

Para asegurarte de que bebes efectivamente tus 2,5 litros diarios de líquido, anota en la siguiente tabla las cantidades bebidas durante el día.

Tabla de mis bebidas:

	1.er día	2.º día	3.er día	4.º día	5.º día	6.º día	7.º día	8.º día
Antes del desayuno								
Durante el desayuno								
Durante la mañana								
Durante el almuerzo								
Durante la tarde								
Durante la cena								
Al anochecer								
Total								

Anoto aquí los efectos que experimento con el consumo de 2,5 litros de bebida al día.

. . . .
. . . .
. . . .
. . . .
. . . .
. . . .
. . . .
. . . .
. . . .
. . . .
. . . .
. . . .
. . . .
. . . .
. . . .
. . . .
. . . .
. . . .
. . . .
. . . .
. . . .
. . . .
. . . .
. . . .
. . . .
. . . .
. . . .

Vigilo mis riñones

¡Largo de aquí TOXINAS!

Dado que la próxima semana empezaremos a estimular la eliminación de toxinas a través de los riñones, conviene que determinemos si estos funcionan bien llevando a cabo algunas observaciones.

Normalmente, los riñones eliminan alrededor de 1,5 litros de orina al día. Dado que la necesidad de orinar se manifiesta cuando la vejiga contiene de 2,5 a 3 dl de orina, el número de micciones (el número de orinas) cotidianas será de 5 a 6. Por debajo de esa cifra, las micciones son insuficientes. El volumen de orina eliminado a lo largo del día está por debajo de lo que debería ser, lo cual es indicativo de una mala eliminación. ¡El motivo más frecuente es que la persona no bebe lo suficiente!

Normalmente, la orina es de color amarillo. Este color evidencia la presencia de toxinas. Si son muy numerosas, la orina se vuelve más oscura. A la inversa, una eliminación demasiado débil de toxinas se traduce en orinas insuficientemente coloreadas o incoloras. La ausencia de color de las orinas se produce normalmente en las personas que beben mucho: más de 3 litros al día. La gran cantidad de agua bebida diluye la orina.

El olor característico de la orina es asimismo una señal de la presencia de toxinas. El olor se acentúa cuando se eliminan muchos residuos, pero disminuye o desaparece cuando su concentración es débil.

Las observaciones que deben realizarse y anotarse en el panel de control

Resulta fácil controlar la frecuencia de las micciones; basta con contarlas. El volumen de las orinas se determina midiendo durante 24 horas el volumen de cada micción con un receptáculo graduado. Si consideras este procedimiento demasiado laborioso, debes tratar de valorar el volumen de forma subjetiva, determinando de manera general si las micciones son débiles, regulares o importantes. Anota asimismo el color y la intensidad del olor.

Dado que el 4.º día de la semana empiezas la cura de agua bebiendo más líquido (veáse pág. 23), sólo las observaciones realizadas durante los 3 primeros días de la semana serán representativas del funcionamiento habitual de tus riñones. Aun así, sigue anotando tus observaciones: te permitirán constatar las modificaciones que la cura de agua aporta al funcionamiento de tus riñones.

	Número de micciones	Volumen: pequeño/ grande	Color	Olor
1.er día				
2.º día				
3.er día				
4.º día				
Inicio de la cura de agua				
5.º día				
6.º día				
7.º día				

MI BALANCE COACHING

En lo que respecta a los riñones, hemos dedicado esta semana únicamente a hacer medidas y observaciones. No es preciso hacer nada más a nivel práctico. Utilizaremos las observaciones obtenidas la próxima semana.

TRANSPIRO

La piel tiene entre 70 y 120 glándulas sudoríparas por cm². Eliminan las toxinas con la transpiración. Cada día producimos en torno a 500 o 600 g de sudor. Esta cifra corresponde a la cantidad de sudor que segregamos cuando estamos en reposo. Si realizamos un ejercicio físico, esta producción puede aumentar hasta 1 litro o más por hora. En los periodos de fuerte calor, es aún más elevada. Mediciones realizadas en personas mientras estaban tomándose una sauna han revelado una eliminación de 40 g de sudor por minuto, es decir 1.200 g en media hora. En episodios de fiebre alta, la cantidad de sudor puede incrementarse hasta varios litros (de 3 a 6 litros).

Una piel que elimina bien las toxinas es una piel que transpira cuando hace calor o mientras se realiza un ejercicio físico. No necesariamente a chorros, como les sucede a ciertas personas, pero la piel tiene que estar húmeda.

Otra señal del buen funcionamiento de las glándulas sudoríparas es que la transpiración tiene lugar por toda la superficie del cuerpo. Cuando sólo se produce de forma localizada, por ejemplo únicamente bajo las axilas, en la cabeza o en los pies, es señal de que la piel no trabaja bien. Cuando una persona no transpira, decimos que su piel está «cerrada». La eliminación de toxinas por el emuntorio cutáneo es entonces prácticamente nula.

¿CÓMO FUNCIONA MI PIEL?

Responde a las siguientes preguntas marcando las casillas correspondientes con una cruz:

	Sí	No
¿Transpiras si hace calor?	☐	☐
¿Transpiras cuando realizas una actividad física?	☐	☐
¿Transpiras por toda la superficie del cuerpo?	☐	☐
¿Transpiras mucho?	☐	☐
¿Transpiras abundantemente al menos 1 vez por semana gracias a una actividad deportiva, una sesión de sauna, un baño caliente...?	☐	☐

Resultado

Más síes: tu piel está abierta, sigue utilizándola para eliminar las toxinas.

Más noes: tu piel está más o menos «cerrada» y la eliminación de toxinas a través de este emuntorio es débil.

¿QUÉ HACER PARA FAVORECER LA SUDORACIÓN?

Para el cuerpo, transpirar es una forma de eliminar toxinas, pero también de regular su temperatura interna. Cuando esta sube demasiado, el sudor que el cuerpo segrega se evapora sobre la piel y se lleva consigo el calor, lo cual hace regresar la temperatura corporal a su nivel normal. La existencia de este mecanismo de regulación de la temperatura puede aprovecharse para favorecer la eliminación de las toxinas: si aportamos mucho calor al cuerpo, lo obligamos a transpirar y, por lo tanto, a desintoxicarse. Entre todos los medios existentes (sauna, hamam...), hay uno particularmente eficaz: el baño hipertérmico. También es muy práctico, ya que lo realizamos en casa, en una bañera, y por consiguiente no precisa desplazamientos.

LA PRÁCTICA DEL BAÑO HIPERTÉRMICO

Llenamos el fondo de la bañera con un poco de agua tibia y nos sentamos dentro. A continuación, añadimos progresivamente agua caliente para cubrir todo el cuerpo hasta el cuello. La

temperatura del agua no debe superar el umbral de tolerancia, es decir, la temperatura que produce una sensación de calor excesivo. Pese a estar caliente, el baño debe soportarse bien. No debemos tratar de alcanzar una temperatura récord, sino la más caliente que podamos soportar durante 15 o 20 minutos.

La finalidad del baño hipertérmico es aportar mucho calor al cuerpo. Si la temperatura del baño disminuye, añade agua caliente para seguir transpirando abundantemente. Cuando termines de bañarte, sal lentamente del agua y túmbate durante media hora, envolviéndote en una toalla o una manta. Este descanso en posición tumbada permite que el cuerpo termine su sudoración y recobre su equilibrio térmico.

Las personas que tienen la piel cerrada no transpiran mucho durante los primeros baños. Pero gracias a la reeducación de la piel, la cantidad de sudor aumenta con el tiempo.

La piel es un envoltorio protector para el cuerpo. Contiene dos tipos de glándulas que desempeñan un papel importante en la eliminación de toxinas: las glándulas sudoríparas y las glándulas sebáceas.

Las glándulas sudoríparas son muy numerosas: hay más de 2 millones dispersadas por toda la piel. Los residuos que filtran en la sangre son expulsados en el sudor. Este se compone de un 99% de agua y de un 1% de residuos. Se trata de minerales usados, de productos de la degradación de las proteínas (urea, ácido úrico...), de ácidos diversos y de sustancias químicas procedentes de medicamentos, de la contaminación, etc. Los residuos eliminados por las glándulas sudoríparas son los mismos que los evacuados por los riñones.

La concentración del sudor varía. Aumenta si la persona es físicamente activa o si está padeciendo una enfermedad. En algunos enfermos, el sudor llega incluso a estar más cargado de residuos que la orina. Esto genera una sensación de quemazón o de picor al nivel de la piel.

Las glándulas sebáceas están situadas en la base de los pelos. Tenemos unas 300.000. Segregan sebo, que es una mezcla de grasa y de residuos diversos. Los residuos eliminados por las glándulas sebáceas son los mismos que los residuos expulsados por el hígado.

El sebo tiene la función de mantener la piel flexible y bien lubricada, al tiempo que elimina toxinas. Cuando las glándulas sebáceas se congestionan con residuos, se forman granos de punta blanquecina, tipo acné, y eczemas que supuran

La eliminación de toxinas a través de la piel es multiforme. A diferencia de otros emuntorios que están especializados en la eliminación de toxinas específicas, por la piel se eliminan toda clase de residuos.

Por consiguiente, no debemos descuidar el emuntorio cutáneo cuando tratamos de desintoxicarnos. Los distintos medios utilizados para estimular las glándulas sudoríparas (baño caliente, plantas sudoríficas, guante de crin...) actúan asimismo sobre las glándulas sebáceas. Así pues, debemos aplicar las mismas técnicas para estimularlas.

SEMANA 1

Se recomienda tomar 2 baños hipertérmicos por semana, con algunos días de intervalo entre cada baño. Estos baños tienen un potente efecto desintoxicante, no sólo por las fuertes sudoraciones que provocan, sino también por la dilatación de los capilares sanguíneos causada por el calor, cuyo efecto es mejorar la irrigación de los tejidos. De este modo, numerosas toxinas alojadas en las profundidades de los tejidos remontan hasta la superficie, para ser finalmente eliminadas con el sudor.

¡Hola colegas!

Objetivo

Establezco dos días a la semana en los que me tomo un baño hipertérmico.

Aviso

Los baños hipertérmicos están contraindicados para personas que tienen varices o que padecen enfermedades cardiovasculares.

Anoto los efectos que tienen en mí los baños hipertérmicos:

• 1.er baño . . . .
. . . .
. . . .
. . . .
. . . .
. . . .
. . . .
. . . .
. . . .
. . . .
. . . .
. . . .
. . . .
. . . .
. . . .
. . . .
. . . .
. . . .
. . . .
. . . .
. . . .
. . . .
. . . .
. . . .
. . . .
. . . .

SEMANA 1

• 2.° baño . . . .

. . . .

. . . .

. . . .

. . . .

. . . .

. . . .

. . . .

. . . .

. . . .

. . . .

. . . .

. . . .

. . . .

. . . .

. . . .

. . . .

. . . .

. . . .

. . . .

. . . .

. . . .

. . . .

. . . .

. . . .

. . . .

. . . .

. . . .

. . . .

Elimino los falsos alimentos

Las toxinas que atiborran nuestro organismo no surgen de la nada: provienen de lo que comemos. Una parte de las toxinas está formada por elementos no utilizables de los alimentos (la celulosa, las proteínas mal digeridas...) o no utilizados (en caso de sobrealimentación). La otra parte procede del empleo de las moléculas alimentarias por las células. En efecto, en virtud de su propio funcionamiento, las células producen residuos (ácido úrico, creatinina...).

MI CUERPO

NO VA A SER POSIBLE

SEMANA 1

La producción de toxinas por el cuerpo es normal y este último trabaja activamente para eliminarlas a través de los emuntorios. Sin embargo, hoy en día el cuerpo se encuentra muy a menudo superado en su trabajo de eliminación, no por culpa de las toxinas procedentes de alimentos «legítimos» –sanos y naturales–, sino a causa de lo que denominamos falsos alimentos.

El término falsos alimentos se debe a que son productos alimentarios, pero no alimentan correctamente el cuerpo. Dan la impresión de ser alimentos, pero no lo son. Por consiguiente, en ningún caso deberían reemplazar los verdaderos alimentos y constituir el régimen habitual de una persona. Los falsos alimentos son producidos por el hombre, pero no mezclando alimentos, sino gracias a extractos obtenidos de estos: azúcar, ácido graso, almidón... La finalidad es obtener un producto con un gusto muy marcado, de consistencia agradable, que estimula y reconforta. Estos productos destacan por su fuerte valor calórico, pero por un débil contenido en vitaminas, oligoelementos, etc. Son ricos en calorías vacías y, por lo tanto, también en... toxinas.

Debido a sus numerosos defectos, los falsos alimentos son los primeros «alimentos» que debemos suprimir para atajar la ingesta de toxinas. Para ayudarte a concienciarte de los falsos alimentos que consumes, en la siguiente tabla figuran los más frecuentes. Marca con una cruz las casillas que corresponden a los que comes, teniendo presente la frecuencia con que los consumes.

¿CUÁLES SON LOS FALSOS ALIMENTOS QUE COMO Y CON QUÉ FRECUENCIA?

	1 × / día	1 × / semana	1 × / mes	Nunca
Azúcar blanco				
Caramelos				
Frutas confitadas				
Chocolate				
Helados				
Pasteles				
Galletas				
Mermelada				
Crema untable a base de cacao				
Puré azucarado de tomate (kétchup)				
Patatas fritas				
Galletas saladas				

SEMANA 1

	1 × / día	1 × / semana	1 × / mes	Nunca
Pepitas tostadas y saladas				
Zumos de fruta enriquecidos con azúcar				
Refrescos industriales				
Jarabes				
Bebidas a base de cola				
Alcohol	.			
Café				
Té negro				
Cacao				
Tabaco				

Resultado

- **Mayoría de cruces en las dos últimas columnas:**
  muy bien, rara vez consumes falsos alimentos. Sigue así o, mejor aún, suprime los que quedan.
- **Mayoría de cruces en las dos primeras columnas:**
  consumes muchos falsos alimentos. Suprimirlos disminuiría considerablemente el suministro de toxinas a tu cuerpo.

Por un esfuerzo de voluntad, podemos imponernos la eliminación de los falsos alimentos, pero dado que el cuerpo está acostumbrado a recibirlos, este puede encontrarse en «estado de carencia». El malestar resultante puede hacerte flaquear y abandonar tus buenos propósitos. Por consiguiente, más vale que reemplaces lo que has suprimido por alimentos del mismo tipo, pero ricos en vitaminas y pobres en toxinas, es decir, por verdaderos alimentos.

En la siguiente tabla, encontrarás ideas para saber con qué reemplazar los falsos alimentos.

Tabla de sustitución

Azúcar blanco	azúcar completo, integral
Caramelos	fruta fresca, frutos secos, mezcla de frutos secos
Frutas confitadas	fruta fresca, frutos secos, mezcla de frutos secos
Chocolate	frutos secos
Helados	yogur, requesón con frutas…
Pasteles	barras de cereales integrales
Galletas	galletas completas con azúcar integral
Mermelada	miel, concentrado de pera
Crema untable a base de cacao	miel, concentrado de pera

SEMANA 1

Puré azucarado de tomate (kétchup)	crema de queso a las finas hierbas
Patatas fritas	frutas oleaginosas naturales, biscotes con cereales integrales
Galletas saladas	biscotes con cereales integrales
Pepitas tostadas y saladas	almendras, avellanas, nueces... sin procesar
Zumos de fruta enriquecidos con azúcar	agua, zumos de fruta naturales o mezclados con agua
Refrescos industriales	leche de almendra, leche de arroz, leche de soja
Jarabes	agua, zumos de fruta naturales o mezclados con agua
Bebidas a base de cola	agua, zumos de fruta naturales o mezclados con agua
Alcohol	agua, zumos de fruta naturales o mezclados con agua
Café	Café de cereales
Té negro	infusiones, té verde
Cacao	bebida a base de azúcar de malta

¿Como nos hacen enfermar las toxinas?

Para comprender cómo nos hacen enfermar las toxinas, hay que tener presente que el cuerpo está formado por miles de millones de células de cuya salud depende el bienestar y la vitalidad de todo el organismo. Las células dependen del entorno en el que se encuentran. Este entorno, también llamado terreno, es líquido. Se compone de sueros celulares situados en el interior y en el exterior de las células, así como de linfa y de sangre.

Las células dependen por completo de estos líquidos para su suministro de oxígeno y nutrientes, así como para deshacerse de los residuos que producen. Cuando estos líquidos están limpios y son nutritivos, las células gozan de buena salud. Sin embargo, cuando este entorno acumula residuos, la situación se degrada. En efecto, la sangre se espesa e irriga peor los tejidos. En las paredes de los vasos sanguíneos y linfáticos se forman depósitos que obstruyen parcialmente los vasos y acaban provocando enfermedades cardiovasculares. Las toxinas congestionan los órganos y ralentizan su funcionamiento: insuficiencia hepática, articulaciones bloqueadas, etc. Obstruyen los emuntorios, generando eliminaciones muy visibles como en el caso de bronquitis, sinusitis, granos, eczemas, diarreas o, asimismo, de reacciones alérgicas.

Las dolencias provocadas por las toxinas pueden deberse a su gran número (aspecto cuantitativo), pero también a sus características (aspecto cualitativo). Algunos residuos son muy agresivos. Lesionan las mucosas y los tejidos. A veces, las inflamaciones resultantes pueden llegar a causar la destrucción de las células (esclerosis). Asimismo, los residuos pueden dañar el material genético de las células y provocar mutaciones celulares (cáncer).

Sea cual sea la enfermedad y dondequiera que esta se sitúe, las toxinas están presentes y tienen una influencia negativa en el cuerpo. Por ello, para la medicina natural, la necesidad de desintoxicarse es fundamental.

Anoto aquí cómo me siento tras una semana de eliminación de los falsos alimentos.

SEMANA 2

Estimulo mi hígado y mis riñones

A lo largo de esta segunda semana, vas a proseguir con el drenaje de las toxinas a través de los intestinos y la piel, pero vas a añadir la estimulación de otros dos emuntorios: el hígado y los riñones. Desde el punto de vista dietético, te propongo que sigas un régimen disociado que, pese a ser de fácil seguimiento, favorece mucho la desintoxicación.

Lo que debo comprar:

➡ 1 paquete de semillas de psilio;
➡ tintura madre de diente de león 50 ml;
➡ tintura madre de vellosilla 50 ml;
➡ flores de saúco (o de viola tricolor) para infusiones.

Reemplazo la fránGula por el psilio

Ya llevas una semana estimulando la eliminación de tus intestinos con la tintura madre de frángula. Tu tránsito intestinal se ha acelerado y te has deshecho de numerosos residuos que permanecían estancados en tus intestinos. Ya te encuentras mejor y sería tentador proseguir de la misma forma. No obstante, más vale interrumpir la toma de frángula porque, si bien esta planta es eficaz para vaciar los intestinos, no tiene virtudes reeducativas sobre los mismos. Además, a la larga irrita las mucosas intestinales.

La reeducación de los intestinos se lleva a cabo principalmente consumiendo productos ricos en fibras que, al rellenar bien los intestinos, desencadenan las contracciones de los músculos peristálticos. Esta estimulación está prevista por la naturaleza. Normalmente se realiza gracias a las fibras contenidas en los alimentos. Sin embargo, existen complementos alimenticios especialmente ricos en fibras y que acentúan aún más el efecto. Si se toman de forma regular, se consigue una buena estimulación de la eliminación de las heces, lo cual contribuye a desintoxicar el organismo.

Conviene saberlo

A primera vista, podría parecer que la estimulación de los intestinos mediante una planta medicinal se ha interrumpido con la eliminación de la frángula. Pero no es así, porque en esta 2.ª semana vas a empezar a tomar una planta para el hígado. Como todas las plantas hepáticas, ejerce una acción indirecta sobre los intestinos. Al aumentar la producción de bilis, también estimula el peristaltismo intestinal. Por consiguiente, se mantiene una buena eliminación a nivel intestinal gracias a una planta. Por otra parte, la dosificación de la planta hepática se hace de manera que se obtenga una buena evacuación de las heces.

EL PSILIO,
UN COMPLEMENTO ALIMENTARIO RICO EN FIBRAS

El psilio es un polvo basto obtenido a partir de las semillas de una planta perteneciente a la familia del plantago. La variedad más utilizada es el llantén de la India (*Plantago ovata*), también llamado ispágula.

Los granos de psilio son extremadamente ricos en fibras, que pueden llegar a representar un 30% de su peso. Además, estas fibras se encuentran en forma de mucílago, es decir, una sustancia que se hincha al entrar en contacto con el agua. El índice de hinchamiento del psilio es excepcional: el volumen de las fibras se multiplica por 10.

La masa gelatinosa, voluminosa y húmeda que se obtiene de esta forma ocupa mucho más sitio en el intestino. El peristaltismo intestinal y la eliminación de residuos resultan por lo tanto fuertemente estimulados.

Dosificación

El psilio se vende en forma de polvo, de copos o de semillas. Tómate una cucharada de café antes de cada comida. El psilio debe estar diluido en un poco de agua. Inmediatamente después, bebe un gran vaso de agua (3 dl) para humedecerlo bien y repartirlo por todo el tubo digestivo.

La desintoxicación mediante el psilio se produce por la intensificación de las eliminaciones, pero también gracias a la limpieza de las paredes intestinales (a las que se adhieren los residuos) durante el tránsito de las fibras..

MI BALANCE COACHING

Anoto aquí los efectos de la toma de psilio durante una semana y los comparo con los efectos de la toma de frángula.

. . . .
. . . .
. . . .
. . . .
. . . .
. . . .
. . . .
. . . .
. . . .
. . . .
. . . .
. . . .
. . . .

OBJETIVO

Tomo psilio tres veces al día durante una semana (sin tomar tintura madre de frángula).

Estimulo mi hígado con plantas medicinales

El hígado es conocido sobre todo por su papel digestivo. La bilis que segrega permite digerir las grasas. Pero la bilis es asimismo un soporte para la eliminación de toxinas. Se trata sobre todo de las toxinas procedentes del uso de las grasas y los almidones. Así pues, una buena producción de bilis no sólo permite digerir bien, sino también eliminar numerosos residuos que se mezclan con las heces y son finalmente evacuados con estas. Cuando el hígado funciona bien, la producción de bilis es abundante y permite digerir bien los alimentos grasos. Permite asimismo una buena eliminación intestinal, ya que la bilis tiene propiedades ligeramente laxantes: lubrica el intestino y humedece las heces. También neutraliza las fermentaciones intestinales, grandes productoras de toxinas, y estimula el peristaltismo intestinal.

La correcta eliminación de las toxinas hepáticas depende también del buen funcionamiento de la vesícula biliar. Esta última es una bolsa situada en el trayecto de la bilis hacia los intestinos. La vesícula acumula bilis para poder segregarla en cantidades suficientes durante las comidas grasas. Cuando la vesícula está cansada y poco tonificada, la bilis tiende a estancarse. La bilirrubina, un colorante amarillo, pasa a la sangre, lo cual explica la tez y los ojos amarillentos de los hepáticos.

¿Cómo funciona mi hígado?

Responde a las siguientes preguntas marcando con una cruz la casilla correspondiente:

	sí	no
A menudo tengo problemas digestivos	☐	☐
Digiero mal las comidas grasas	☐	☐
Siento pesadez después de las comidas	☐	☐
Tengo náuseas con regularidad	☐	☐
Cuando como demasiado, tengo dolores de cabeza	☐	☐
Tengo la boca pastosa y la lengua blanca	☐	☐
Tengo fácilmente gases e hinchazones	☐	☐
Tengo la tez/los ojos amarillentos	☐	☐

Análisis de las respuestas:

Mayoría de noes: *tu hígado parece funcionar bien, pero estimúlalo de vez en cuando para ayudarlo en su labor;*
Mayoría de síes: *tu hígado está cansado y no funciona tan bien como debería. Se impone un drenaje del hígado.*

¿Cómo estimular mi hígado?

La forma por excelencia de estimular el hígado es el empleo de plantas medicinales. Las plantas más utilizadas son la alcachofa, el diente de león, el rábano negro, el romero, etc. A razón de tres tomas al día, estas plantas hepáticas estimulan la producción de bilis del hígado. Por consiguiente, aumenta la cantidad de toxinas filtradas en la sangre y expulsadas del cuerpo, lo cual supone una importante contribución a la desintoxicación.

SEMANA 2

¿QUÉ PLANTA?

Para esta cura, aconsejo el diente de león (*Taraxacum*), así llamado a causa de la forma dentada de sus hojas. Esta planta con flores de color amarillo intenso está muy extendida. El diente de león es considerado por ciertos fitoterapeutas como la planta más eficaz para el hígado. La infusión de esta planta tiene un gusto amargo, por lo que más vale tomarla en forma de tintura madre.

DOSIFICACIÓN DEL DIENTE DE LEÓN

La tintura madre de diente de león se toma a razón de 20 a 50 gotas con un poco de agua, durante las tres comidas. El objetivo es tomar tantas gotas como sea posible para que el hígado esté bien estimulado. Sin embargo, una dosis demasiado fuerte provocará diarreas debido a las propiedades laxantes del diente de león. Así pues, la regla es tomar tantas gotas como sea posible, pero sin que se produzcan diarreas. La dosis óptima es la que se sitúa justo debajo de la que provoca diarreas. Esta dosis varía para cada persona.

Empieza tomando 3 x 20 gotas al día. Si no notas ninguna diferencia a nivel intestinal, al día siguiente pasa a 3 x 30, luego a 3 x 40, y así sucesivamente. En cuanto la toma de diente de león empiece a hacer demasiado efecto sobre los intestinos, reduce un poco la cantidad de gotas. Has alcanzado la dosis que te conviene, la que estimula eficazmente tu hígado.

Para ayudarte a encontrar la dosis adecuada, utiliza la siguiente tabla:

Diente de león	Número de tomas	Número de gotas	Efectos sobre los intestinos
1.er día			
2.º día			
3.er día			
4.º día			
5.º día			
6.º día			
7.º día			

Una vez hallada la dosis, hay que mantenerla hasta el final de la cura, es decir durante las 3 semanas restantes del programa de desintoxicación.

Para saber más sobre el hígado

El hígado se encuentra en el lado derecho del abdomen. Es un órgano de gran importancia y totalmente protegido de los choques exteriores por las costillas. Es un órgano voluminoso: mide 28 cm de longitud por 16 cm de anchura, lo cual representa seis veces más que los riñones, que son otro emuntorio fundamental. Pesa 2,5 kg cuando está lleno de sangre (en un ser vivo); al vaciarse de sangre (en un cadáver), sólo pesa 1,5 kg.

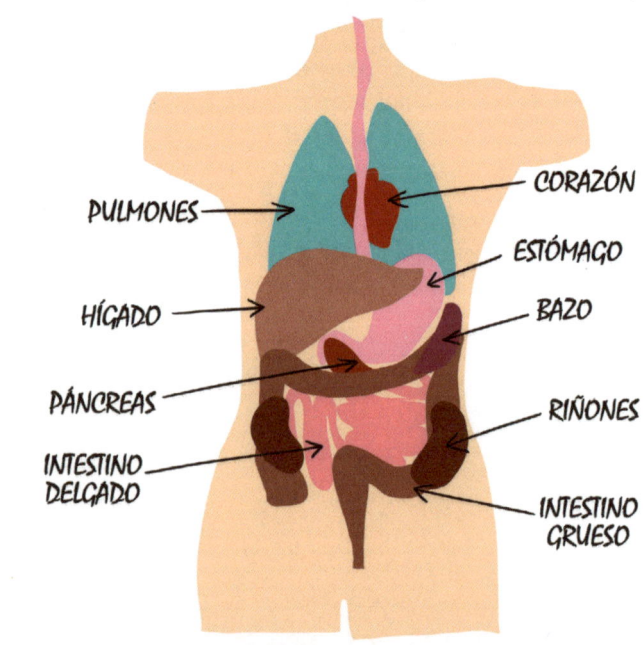

PULMONES

CORAZÓN

ESTÓMAGO

HÍGADO

BAZO

PÁNCREAS

RIÑONES

INTESTINO DELGADO

INTESTINO GRUESO

El hígado tiene más de 500 funciones distintas. Ningún órgano realiza tantas tareas. No obstante, estas múltiples funciones pueden sintetizarse en dos funciones generales:

• producir numerosas moléculas necesarias para el organismo;
• limpiar el cuerpo de todos los venenos y agentes agresores.

La función desintoxicante del hígado es primordial para el cuerpo. Filtra los residuos contenidos en la sangre para expulsarlos hacia el exterior, diluidos en la bilis. Neutraliza asimismo los venenos (medicamentos, pesticidas, conservantes, drogas...) y destruye los agresores (células cancerígenas, virus, bacterias).

Esta potente labor de desintoxicación sólo puede llevarse a cabo correctamente si el hígado está en buen estado. En caso contrario, cuando el hígado está agotado por exceso de trabajo —lo cual sucede a menudo en nuestra época de sobrealimentación, contaminación y exceso de medicación— las toxinas se acumulan en el cuerpo y lo hacen enfermar.

La importancia del hígado para el cuerpo se evidencia por su flujo sanguíneo: cada minuto lo atraviesan 1,5 litros de sangre, lo cual representa la cuarta parte del flujo sanguíneo total del cuerpo. Una parte de esta sangre es aportada por la vena porta, cuyo origen se encuentra al nivel de los capilares sanguíneos situados en las paredes intestinales.

Estos últimos absorben lo que se encuentra en los intestinos, es decir, tanto los nutrimentos útiles como los venenos: metales pesados, insecticidas alojados en los alimentos, etc. Así pues, el hígado es el primer órgano que se enfrenta a la entrada de las toxinas exteriores.

OBJETIVO

Tomo tintura madre de diente de león para estimular la eliminación de toxinas a través del hígado.

SEMANA 2

Anoto a continuación los efectos que experimento tras 1 semana de toma de diente de león.

. . . .
. . . .
. . . .
. . . .
. . . .
. . . .
. . . .
. . . .
. . . .
. . . .
. . . .
. . . .
. . . .
. . . .
. . . .
. . . .
. . . .
. . . .
. . . .
. . . .
. . . .
. . . .
. . . .
. . . .

Sigo bebiendo mucho

Ya llevas unos cuantos días esforzándote para beber más. Seguramente habrás notado que no siempre es fácil acordarse de beber. Debido a los malos hábitos del pasado, a veces te sucede que al llegar la noche no has bebido los 2,5 litros que te habías propuesto.

He aquí tres fórmulas para ayudarte a beber tus 2,5 litros diarios.

1. Fíjate un horario

Determina los momentos en que has de tomar las bebidas. Tienes que elegir esos momentos de modo que se integren fácilmente en tu horario diario. Deben corresponder a una articulación del horario. Por ejemplo: el despertar, el desayuno, la llegada al lugar de trabajo, el momento de marcharse del trabajo, el regreso a casa, las pausas, etc.

2. Prepara el volumen que debes beber

Si eres de las personas a las que les cuesta atenerse a un horario fijo, más vale que prepares una o dos botellas de agua que contengan el volumen de agua que debes beber a lo largo del día.
Por ejemplo, una botella de un litro de agua y otra de un litro y medio. Colócalas sobre el escritorio de la oficina o en un lugar visible, para no olvidarlas. Las botellas pueden beberse en cualquier momento, pero como muy tarde antes del final de la jornada.

3. Bebe tras cada micción

Empieza el día bebiendo mucho, por ejemplo medio litro, para provocar una primera micción en la hora siguiente. Seguidamente, bebe una cantidad de líquido equivalente a la que acabas de eliminar. Procede de la misma forma a cada nueva micción. Al proporcionarle constantemente al cuerpo lo que ha eliminado, este mantiene su equilibrio hídrico.

MI BALANCE COACHING

Inicio de la semana:
Anoto el método que he elegido:

- fijar un horario;
- preparar el volumen que debo beber;
- beber tras cada micción.

. . . .
. . . .
. . . .
. . . .
. . . .
. . . .
. . . .
. . . .
. . . .
. . . .
. . . .
. . . .
. . . .
. . . .
. . . .
. . . .

Al final de la semana:
Anoto mis impresiones y observaciones acerca del método adoptado.

Mis riñones eliminan más residuos

A diferencia de otros emuntorios de los que sólo tenemos un único ejemplar, poseemos dos riñones. Esto evidencia su papel fundamental para purificar la sangre de toxinas. Los residuos filtrados se eliminan en un líquido, la orina, que será conducida primero hasta a la vejiga para ser expulsada después fuera del cuerpo.

Conviene saberlo

Los riñones segregan orina a diario. Normalmente, la orina se compone de un 95% de agua y de un 5% de toxinas. El filtrado se lleva a cabo gracias a la diferencia de presión a un lado y otro del filtro renal. Cuando la tensión sanguínea aumenta, el filtrado se intensifica. Esto explica por qué los nervios y la toma de café aumentan la diuresis.

Los riñones aseguran asimismo que el volumen sanguíneo se mantenga estable (alrededor de 5 litros). Este volumen aumenta cuando bebemos mucho. Con la intensificación de la diuresis, los riñones lo devuelven a su valor normal.

Los riñones deberían segregar cotidianamente 1,5 litros de orina, de color amarillo y ligeramente olorosa. Este proceso se lleva a cabo en 5 o 6 micciones. De no ser así, las toxinas no eliminadas permanecen en el cuerpo. ¿Es tu caso?

¿CÓMO FUNCIONAN MIS RIÑONES?

Responde a las distintas preguntas utilizando la tabla de análisis de la primera semana (véase pág. 28) y marcando la casilla correspondiente:

	sí	no
Número de micciones diarias: 5 o más	☐	☐
Volumen: 1,5 litros o más	☐	☐
Color: amarillo	☐	☐
Olor: presente	☐	☐

Análisis

3 síes o más:

tus riñones funcionan bien; aun así, sigue la cura de drenaje de los riñones para desintoxicar el organismo.

2 noes o más:

tus riñones son perezosos, necesitan que los estimules urgentemente para que se limpien de residuos estancados y corrijan el retraso de eliminación.

¿CÓMO ESTIMULO MIS RIÑONES?

Beber mucho incita los riñones a eliminar más orina. Pero para que esta orina tenga una fuerte concentración en toxinas, conviene tomar plantas medicinales. En efecto, sus sustancias activas estimulan los riñones para que extraigan más toxinas de la sangre de lo que suelen hacerlo normalmente. La concentración de las orinas es por lo tanto más elevada, lo cual conlleva una eliminación más importante de residuos. De esta forma, no sólo se eliminan las toxinas que deben ser expulsadas cotidianamente, sino también toxinas adicionales. El terreno se purifica más rápido, lo cual es el objetivo de la cura de desintoxicación.

¿QUÉ PLANTAS DEBO UTILIZAR?

Las plantas medicinales activas al nivel de los riñones se denominan diuréticas. Las plantas más recomendadas son el abedul, el brezo, la gayuba, la vara de oro...

Te proponemos que utilices una planta cuyas virtudes diuréticas se han descubierto recientemente: la vellosilla (*Hieracium pilosella*). Es una pequeña planta de montaña de flores amarillas. La planta fresca preparada en tintura madre proporciona un diurético eficaz y con propiedades desinfectantes, motivo por el cual se utiliza a menudo en casos de cistitis.

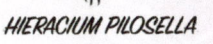

HIERACIUM PILOSELLA

Dosificación

La tintura madre de vellosilla se toma a razón de 20 a 50 gotas con agua, antes de las tres comidas. La dosificación es individual. Una dosis demasiado débil no provoca ningún cambio al nivel de la eliminación de orina. Una dosis demasiado fuerte obliga a la persona a orinar demasiado a menudo durante el día, lo cual resulta cansino e irrita las mucosas urinarias. La dosis correcta es la que hace que el volumen de orina eliminado sea más elevado que de costumbre, que la persona orine un poco más a menudo y que el color y el olor de la orina se acentúen un poco.

Empieza con una dosis de 3 x 20 gotas al día, luego aumenta día tras día el número de gotas: 3 x 30; 3 x 40..., hasta que des con la dosis correcta.

La siguiente tabla te ayudará a encontrar la dosis adecuada:

Vellosilla	Número de tomas	Número de gotas	Número de micciones	Color	Olor
1.er día					
2.º día					
3.er día					
4.º día					
5.º día					
6.º día					
7.º día					

Para saber más acerca de los riñones

Los riñones están situados a lado y lado de la columna vertebral, a la altura de las últimas vértebras dorsales y de las primeras lumbares. Están casi totalmente protegidos por las costillas. Los riñones son órganos de tamaño reducido: 12 cm de longitud por 6 cm de anchura. Tienen por lo tanto un tamaño similar al de un puño y pesan alrededor de 150 g (diez veces menos que el hígado).

A pesar de sus reducidas dimensiones, los riñones llevan a cabo una poderosa desintoxicación de la sangre. Cada riñón se compone de aproximadamente 1 millón de glomérulos, los filtros que purifican la sangre. En relación con el tamaño de la glándula, la arteria que lleva la sangre a los riñones tiene un calibre muy grueso (8 mm). Así pues, los riñones están atravesados por una fuerte corriente sanguínea: el tercio del flujo cardiaco, es decir ¡entre 1.700 y 1.800 litros de sangre en 24 horas!

Los residuos filtrados por los riñones son diluidos en líquido, la orina. Esta es canalizada hasta la vejiga, que se encargará a continuación de su eliminación hacia el exterior. La orina se compone de un 95% de agua y de un 5% de residuos de proteínas (ácido úrico, urea...) y los minerales usados. Cuando la concentración de residuos en la orina es muy importante y el tránsito de orina demasiado débil, ciertos residuos pueden precipitar y formar cálculos en los riñones o en la vejiga. Pero una débil capacidad eliminatoria de los riñones tiene una desventaja aún mayor: la intoxicación del organismo. En efecto, superados por la cantidad de residuos que deben filtrar, los riñones acaban por no extraer ninguno de la sangre, con lo cual las toxinas siguen permaneciendo en el organismo.

Objetivo

Averiguo cual es mi dosis personal de tintura madre de vellosilla y, una vez la he encontrado, la mantego durante toda la semana.

SEMANA 2

Anoto aquí los efectos que experimento tras tomar tintura madre de vellosilla durante una semana.

Refuerzo la eliminación de toxinas por el sudor

La semana pasada empezaste a tomar baños hipertérmicos. Gracias a su eficacia para hacerte sudar, es muy recomendable que sigas tomándolos. El ritmo de dos baños por semana es adecuado; tomar más resultaría agotador.

Para reforzar aún más la eliminación de toxinas por el sudor, puedes hacer dos cosas que complementan los baños.

Consejo n.º 1: beber mucho justo antes de la sesión de sudoración. En efecto, cuanto más agua tenga el cuerpo a su disposición, más podrá transpirar. Los 2,5 litros de agua que bebes a diario gracias a la cura de agua que efectúas en paralelo ya representan un buen aporte. Pero para asegurarte de que tu cuerpo tiene suficiente líquido para la sesión de sudoración propiamente dicha, conviene que bebas generosamente durante las horas previas al baño.

Consejo n.º 2: la segunda forma de aumentar la cantidad de toxinas eliminadas en el sudor consiste en tomar plantas medicinales sudoríficas. Estas plantas actúan sobre las glándulas sudoríparas intensificando la filtración de las toxinas vehiculadas por la sangre. De esta forma, el sudor está mucho más cargado de residuos. Las infusiones de estas plantas tienen que beberse en los días elegidos para tomar los baños hipertérmicos. Las personas con una piel cerrada deberían beber estas infusiones cada día.

Bebe una de estas dos infusiones, la que tú prefieras:

Saúco

Las flores de saúco dan una bebida de gusto agradable. Coloca un puñado de flores en un litro de agua hirviendo. Deja infusionar 10 minutos. Bebe durante el día o justo antes del baño.

Viola tricolor

Coloca un puñado de flores en un litro de agua hirviendo. Deja infusionar 10 minutos. Bebe durante el día o justo antes del baño.

OBJETIVOS

- Sigo tomando dos baños hipertérmicos por semana.
- Bebo generosamente antes del baño.
- Tomo una infusión sudorífica para favorecer la abertura de la piel y la eliminación de las toxinas.

SEMANA 2

Anoto aquí los efectos de los baños asociados con infusiones de plantas sudoríficas.

. . . .
. . . .
. . . .
. . . .
. . . .
. . . .
. . . .
. . . .
. . . .
. . . .
. . . .
. . . .
. . . .
. . . .
. . . .
. . . .
. . . .
. . . .
. . . .
. . . .
. . . .
. . . .
. . . .
. . . .
. . . .
. . . .

Empiezo una dieta

Para esta segunda semana de cura, te propongo una dieta que te permitirá disminuir sin demasiado esfuerzo la ingesta y la producción de toxinas. Se trata de un régimen fácil de seguir y muy eficaz: el régimen disociado. Consiste en comer de todo, sin privarte de nada, pero no al mismo tiempo. El hecho de disociar, es decir, de no comer ciertos alimentos durante una misma comida, acelera la digestión y disminuye el tiempo de absorción. De este modo, el cuerpo recibe menos sustancias alimentarias susceptibles de transformarse en toxinas. Al estar menos alimentado, el cuerpo extraerá recursos de sus reservas. Además, unas mejores digestiones evitarán fermentaciones intestinales productoras de numerosos venenos. La intoxicación disminuye de forma apreciable.

En su versión más sencilla, la disociación se centra en las proteínas y los almidones que no se deben comer nunca en una misma comida. Concretamente, el régimen disociado se presenta de la siguiente manera:

Práctica del régimen disociado

Desayuno:
- *o bien: fruta fresca y/o frutos secos*
- *o bien: pan o biscotes con miel*

Almuerzo:
- *1 proteína (a elegir: carne, pescado, queso o huevo) + verdura cocida + ensalada*

SEMANA 2

Cena:

- 1 almidón (a elegir: patatas, arroz, pasta...) + verdura cocida + ensalada

Los tentempiés de las 9h y de las 16h constan de un solo alimento. A elegir: 1 fruta, 1 yogur, biscotes...

Aviso

El régimen es más eficaz de lo que parece. En las personas «rellenas», con metabolismo lento, esto se traduce en una pérdida de peso muy bienvenida. En cambio, en las personas delgadas y longilíneas, con metabolismos rápidos, la pérdida de peso es a veces demasiado rápida e importante, lo que acarrea una fuerte pérdida de vitalidad y de alegría de vivir. Si se diera el caso, hay que interrumpir el régimen disociado o seguirlo tan sólo un día o dos.

OBJETIVO

Sigo el régimen disociado.

Desintoxicación y crisis curativas

Durante las curas de desintoxicación, el organismo elimina muchos residuos. Estas eliminaciones adoptan a veces formas espectaculares, denominadas crisis curativas o crisis de desintoxicación. Por ejemplo, la piel puede cubrirse de granos como en el acné, o supurar como en algunos eczemas, las vías respiratorias pueden obstruirse como en las bronquitis, la nariz taparse como en los resfriados o las sinusitis, las articulaciones pueden volverse dolorosas, etc. ¿Qué son las crisis curativas?

El organismo trata de deshacerse constantemente de las toxinas expulsándolas a través de los emuntorios. Cuando estos están desbordados y la composición de la sangre se ve amenazada por una excesiva presencia de residuos, el cuerpo, a la desesperada, empuja los residuos hacia el interior del organismo, hacia los tejidos profundos.

Esta situación antinatural de autointoxicación sólo puede ser provisional, ya que hace peligrar el buen funcionamiento de las células. El cuerpo espera la primera ocasión para hacer remontar las toxinas, y expulsarlas hacia el exterior. Esta ocasión se presenta cada vez que la cantidad de toxinas en superficie disminuye, lo cual sucede durante las curas de desintoxicación, dado que los emuntorios están bien abiertos y trabajan intensamente.

Al liberarse el espacio que ocupaban las toxinas de la superficie, las toxinas del fondo pueden remontar. A veces lo hacen de manera brusca y masiva, lo cual provoca las denominadas crisis curativas. El término curativo pone de manifiesto que estas crisis favorecen el retorno a la salud purificando el cuerpo de muchas toxinas. Estas crisis son benéficas. Aunque sean espectaculares, no deben interrumpirse. Generalmente, sólo duran 1 o 2 días. Si perduraran o fueran difíciles de soportar, entonces habría que frenarlas interrumpiendo la toma de drenantes (plantas, baños hipertérmicos) y la eventual dieta que seguíamos. Los emuntorios estarán entonces menos abiertos y, por consiguiente, se frenará el remonte de toxinas. Por otra parte, el hecho de volver a comer requiere que el cuerpo invierta más energía a nivel digestivo lo cual relaja su acción a nivel eliminatorio.

SEMANA 2

Anoto aquí lo que sucede durante esta semana de régimen disociado: variaciones de peso, energía disponible y sensaciones generales.

. . . .
. . . .
. . . .
. . . .
. . . .
. . . .
. . . .
. . . .
. . . .
. . . .
. . . .
. . . .
. . . .
. . . .
. . . .
. . . .
. . . .
. . . .
. . . .
. . . .
. . . .
. . . .
. . . .
. . . .
. . . .

SEMANA 2

SEMANA 3

MONODIETA Y REDUCCIÓN DE SAL

El drenaje de las toxinas prosigue con nuevos drenantes para determinados emuntorios. Para intensificar la desintoxicación, se introducirán dos nuevas medidas. Por una parte, dos días de monodieta para inducir al cuerpo a destruir las toxinas alojadas en lo más profundo de los tejidos. Por otra parte, el consumo de agua escasamente mineralizada, ya que esta se carga más fácilmente de residuos durante la eliminación. También te recomendaremos disminuir el consumo de sal para facilitar la eliminación de los líquidos orgánicos y de las toxinas que hay en su interior.

Lo que debo comprar:

➡ 1 paquete de semillas de lino;
➡ 1 bolsa de agua caliente;
➡ 1 guante de crin o un cepillo para friccionar;
➡ botellas de agua mineral poco mineralizada.

Para mis intestinos

Reemplazo el psilio por las semillas de lino

Para esta tercera semana de drenaje de los intestinos, propongo que dejes de tomar psilio y lo sustituyas por otro drenante: las semillas de lino. Esto te permitirá descubrir una nueva forma de estimular los intestinos.

Las semillas de lino tienen de 2 a 3 milímetros de longitud. Tienen una forma alargada y son de color marrón oscuro, con una superficie lisa y reluciente. Su contenido en fibra (27%) es menos elevado que el del psilio, pero aun así figuran entre las fuentes más generosas de fibra. Al entrar en contacto con el agua, las fibras de las semillas de lino multiplican su volumen por cinco. Además, las semillas de lino se componen de un 45% de aceite, que ejerce una acción lubricante sobre la progresión de las heces en los intestinos.

Tal vez algunas personas piensen que, tras 2 semanas de drenaje, sus intestinos deben de estar vacíos y ya no hace falta seguir estimulándolos. Esto sólo es verdad en parte. Ciertamente, una gran masa de residuos ha abandonado el colon. Pero las materias que se han depositado en las paredes intestinales y que, con el tiempo, han acabado pegándose a estas siguen presentes.

Sólo se despegan de forma progresiva, gracias al tránsito de numerosas fibras.

Es importante realizar una limpieza completa de las paredes intestinales, ya que es a su nivel donde tiene lugar una desasimilación de las toxinas. Los residuos que se encuentran en los tejidos atraviesan las mucosas del intestino para incorporarse al tubo digestivo y acabar siendo eliminadas por las heces. Cuanto más vacíos los intestinos y más limpias sus paredes, más intensamente utiliza el cuerpo esta forma de desintoxicación.

Dosificación de las semillas de lino

Toma 3 × 1 cucharada de café de semillas de lino al día. Hay tres formas de tomar las semillas de lino:

1. Añade un poco de agua a las semillas de lino y bébetelo todo. Para asegurarte de que las semillas se hinchan bien, bebe un gran vaso de agua (3 dl) inmediatamente después.

2. También puedes añadir las semillas de lino a diversos alimentos: yogur, salsa de ensalada, macedonia, compota de manzanas, muesli, etc...

3. En lugar de tragar las semillas de lino, puedes masticarlas, lo que te permitirá disfrutar de su gusto.

Conviene repartir las tomas a lo largo del día para no tener que masticar demasiadas semillas a la vez. Al masticar, notarás la masa gelatinosa que genera el contacto de los granos con el agua (en este caso, la saliva).

CONSEJO

Tras cada toma, bebe un gran vaso de agua para sacar el máximo partido de las posibilidades de hinchamiento de las semillas y para permitir que bajen bien por el tubo digestivo.

OBJETIVO

Tomo semillas de lino durante toda la semana.

MI BALANCE COACHING

Anoto aquí los efectos de la toma de semillas de lino y los comparo con los de la toma de frángula y de psilio.

. . . .
. . . .
. . . .
. . . .
. . . .
. . . .
. . . .
. . . .

SEMANA 3

Para mi hígado

La bolsa de agua caliente

El drenaje del hígado que has estado llevando a cabo durante una semana ya ha contribuido mucho a limpiarlo de las toxinas que lo saturaban y a filtrar una mayor cantidad de toxinas en la sangre. No obstante, para lograr efectos en profundidad, hay que proseguir con la toma tres veces al día de diente de león. Una forma complementaria y muy agradable de reforzar el trabajo del hígado es el empleo de una bolsa de agua caliente.

Empleo de la bolsa de agua caliente

La bolsa de agua caliente es un cojín de caucho que podemos rellenar con agua. Está provista de un tapón que se enrosca para cerrarla herméticamente. La bolsa se coloca sobre la parte del cuerpo que queremos calentar, en el caso que nos ocupa, el hígado.

¿Por qué el calor aportado por la bolsa tiene un efecto sobre el hígado?

El hígado es un órgano que trabaja a una temperatura de 39–41 °C. Esta temperatura, más elevada que la del resto del cuerpo, es una consecuencia del intenso trabajo del hígado, pero también le ayuda a trabajar más activamente, ya que el calor acelera los metabolismos.

Cuando el hígado tiene frío, la circulación sanguínea se ralentiza en el interior de los capilares hepáticos, lo cual disminuye el filtrado de la sangre. La consecuencia es que la producción y la eliminación de bilis serán débiles. El aporte de calor produce el efecto contrario: aceleración de la circulación sanguínea en el hígado e intensificación del filtrado de residuos. La necesidad que el hígado tiene de calor puede aprovecharse para nuestra terapia.

Cuando calentamos el hígado con una bolsa de agua caliente, no sólo contribuimos a su buen funcionamiento, sino que lo aceleramos. De esta forma, el hígado desintoxicará más intensamente el cuerpo expulsando mucha bilis cargada de toxinas. La sencillez del procedimiento hace que a menudo nos olvidemos de esta excelente forma de drenar el hígado.

UTILIZACIÓN DE LA BOLSA DE AGUA CALIENTE

Rellena la bolsa con agua del grifo caliente. Toma el agua más caliente posible (+/– 60 °C), pero no utilices agua calentada con un hervidor, ya que tendría una temperatura excesiva (100 °C). Cierra bien la bolsa para impedir que el agua caliente se derrame y te queme.

Coloca la bolsa sobre el hígado, es decir, sobre tu costado derecho y más o menos a la mitad del tórax. El hígado se esconde tras las últimas costillas, pero el calor atraviesa los tejidos y llega hasta él. La aplicación debe durar una media hora larga y repetirse todos los días, si es posible. Los momentos más propicios son: después de las comidas, cuando estamos sentados leyendo y cuando nos metemos en la cama para dormir.

MI BALANCE COACHING

Anoto aquí mis impresiones acerca del empleo de la bolsa de agua caliente y acerca de su complementariedad con la toma de diente de león.

....
....
....
....
....
....
....
....
....

Elijo un agua con bajo nivel de mineralización

Bebes 2,5 litros de líquido al día, lo cual favorece la eliminación de toxinas. No obstante, el proceso de desintoxicación podría intensificarse aún más si eliges cuidadosamente el agua que bebes. En efecto, algunas aguas tienen más capacidad para cargarse de toxinas. Son las aguas más puras, es decir las menos mineralizadas. Dado que contienen muy pocas sustancias además del agua, tienen mucho «espacio» para acoger las toxinas. A la inversa, un agua con una alta concentración de minerales no aceptará más sustancias extrañas, porque ya está «saturada».

Las aguas más puras se encuentran en las aguas minerales de manantial que se venden embotelladas. Las aguas débilmente mineralizadas tienen un contenido en minerales inferior a 500 mg por litro, y las muy débilmente mineralizadas tienen menos de 50 mg por litro.

La siguiente tabla te indica cuáles son las aguas más débilmente mineralizadas en Francia, en Bélgica y en Suiza. Están clasificadas por orden creciente de mineralización. Algunas aguas francesas no se venden a nivel nacional, motivo por el cual indicamos su región de procedencia.

Objetivo

El contenido en minerales de un agua aparece indicado en la etiqueta de la botella.

Las aguas débilmente mineralizadas

Francia

Mont Roucous	18,1	Midi-Pyrénées
Montcalm	20	Midi-Pyrénées
Mont-Dore	27	Auvernia
Montagne d'Arrée	36	Bretaña
Charrier	37	Auvergne
Fontaine de la Reine	40	Midi-Pyrénées
Isabelle	42	Bretaña
Celtic	46	Alsacia
Luchon	83	Midi-Pyrénées
Volvic	109	Auvernia
Montclar	139	Provenza – Alpes – Costa Azul
Pyrénées	149	Midi-Pyrénées
Cristaline-Neyrolles	185	Ródano-Alpes
Valvert	201	Champaña-Ardenas

Bélgica

Spa Reine	33
Spa Barisart	49
Duke	80
Spa Marie Henriette	95
Bru	160
Valvert	201

Suiza

San Clemente	44
Eden Dorénaz	181

Anoto qué agua, o qué aguas, he probado y los efectos
que he experimentado al nivel de la desintoxicación.

. . . .
. . . .
. . . .
. . . .
. . . .
. . . .
. . . .
. . . .
. . . .
. . . .
. . . .
. . . .
. . . .
. . . .
. . . .
. . . .
. . . .
. . . .
. . . .
. . . .
. . . .
. . . .
. . . .

Para mis riñones

Sigo una cura baja en sal

Un consumo restrictivo de sal contribuye a aumentar la eliminación de toxinas. En efecto, las toxinas se encuentran en el entorno de las células y en el interior de estas. Este entorno es líquido. Pues bien, estos líquidos se mantienen en el interior del cuerpo gracias, entre otros motivos, a la presencia de sal. Cada gramo de sal retiene 11 gramos de agua. Cuando consumimos más sal de la que necesitamos, la sal excedentaria retiene más agua en los tejidos. Sin embargo, esta retención de agua se asocia a una retención de toxinas, puesto que se produce una mala eliminación de los líquidos y de las toxinas que contienen.

Esto explica que, si comemos menos sal o incluso si la suprimimos completamente durante un periodo limitado, favorezcamos la eliminación del agua excedentaria y, junto con esta agua, de las toxinas.

La práctica de la cura baja en sal

Las necesidades diarias de sal se sitúan entre 3 y 5 g, pero hoy en día el consumo medio de la población se encuentra entre 12 y 15 g.

La sal que consumimos procede, por una parte (2/5), de la sal de cocina que añadimos a los alimentos durante su cocción y su consumo en la mesa y, por otra parte, de la sal añadida a los alimentos durante su fabricación. Los alimentos más ricos en sal son:

	mg/100 g
el pan	500 a 650 mg
el queso	620 a 1.100 mg
la charcutería	160 a 2.500 mg
la carne ahumada	4.300 mg

Si añadimos menos sal de cocina y asimismo reducimos el consumo de alimentos ricos en sal, favorecemos la evacuación de agua y, por consiguiente, de toxinas. Por otra parte, esta evacuación se ve favorecida por el hecho de que el agua que consumes esta semana tiene una débil mineralización.

OBJETIVOS

• Sigo con la toma de tintura madre de vellosilla.
• Reduzco mi consumo de sal adaptándolo a mi caso.

Anoto aquí los efectos de la disminución de sal sobre las eliminaciones y sobre mi estado general: vigor, energía, etc.

. . . .
. . . .
. . . .
. . . .
. . . .
. . . .
. . . .
. . . .
. . . .
. . . .
. . . .
. . . .
. . . .
. . . .
. . . .
. . . .
. . . .
. . . .
. . . .
. . . .
. . . .
. . . .
. . . .

SEMANA 3

Adopto la fricción seca

Con los cuatro baños hipertérmicos que ya has tomado, tu piel se abre cada vez más y la sudoración se produce con más facilidad y con mayor abundancia. Si sigues tomando estos baños durante dos semanas, no sólo habrás eliminado muchas toxinas de la piel, sino que habrás hecho remontar muchas otras desde las profundidades, ya que la dilatación de los capilares por el calor intensifica la irrigación de los tejidos. Una vez hayan remontado, las toxinas serán eliminadas por la piel u otros emuntorios.

La eficacia de los baños hipertérmicos se debe al aporte de calor. Por lo tanto, no es preciso añadir un preparado medicinal al agua del baño. Tampoco está prohibido hacerlo. Por ejemplo: lavanda para relajarse, enebro para los problemas articulares, castaño de Indias para la circulación o eucalipto para las vías respiratorias.

La toma regular de baños calientes reeduca la piel, pero esta reeducación puede acentuarse mediante un procedimiento que favorece mucho la irrigación sanguínea de la piel y, por consiguiente, el trabajo de las glándulas sudoríparas. Se trata de las fricciones secas, que pueden realizarse con un guante de crin, un cepillo para friccionar o una toalla rugosa. Esta fricción debe realizarse además de los baños y en otro momento del día: al despertar, por ejemplo.

La práctica de la fricción seca

Por la mañana, al despertar, fricciona la piel en todas las grandes superficies del cuerpo: piernas, vientre, espalda y brazos (pero no la cara). La sesión dura varios minutos. Cuando te acostumbres, la fricción te procurará una sensación de bienestar y podrás efectuarla de forma más enérgica.

La fricción seca no hace transpirar, pero tonifica las glándulas sudoríparas, con lo cual estas podrán segregar más fácilmente el sudor rico en toxinas. Las fricciones secas limpian asimismo la piel de células muertas, que, al desprenderse, arrastran consigo las toxinas que contienen.

Objetivos

- Sigo tomando baños hipertérmicos e infusiones de plantas sudoríficas.
- Me fricciono todas las mañanas con un guante de crin, un cepillo para friccionar o una toalla rugosa.

Anoto aquí los efectos experimentados durante las sesiones de fricción y al término de estas.

SEMANA 3

Practico la monodieta

Las dietas no actúan únicamente disminuyendo la ingesta de toxinas; también activan un proceso de combustión de los residuos presentes en los tejidos.

A causa de la restricción alimentaria, el cuerpo no recibe todos los nutrimentos (proteínas, ácidos grasos, glucosa...) que necesita para funcionar. Al no recibirlos del exterior (a través de los alimentos), va a buscarlos en sus propios tejidos gracias al fenómeno de la autolisis. La autolisis es una digestión (lisis) de sí mismo (de los propios tejidos) llevada a cabo por encimas. Estas actúan de forma inteligente. No atacan los tejidos más útiles —el corazón, por ejemplo—, sino los más prescindibles. En particular y de forma prioritaria, las toxinas, que de esta forma acaban desapareciendo del terreno.

El ayuno activa la autolisis más fuerte ya que la restricción es máxima: no se consume ningún alimento. La monodieta es una dieta un poco menos severa pero igual de eficaz. Cuando se sigue una monodieta, sólo se consume un tipo de alimento a lo largo del día, es decir en cada comida y como tentempié entre horas.

Para esta tercera semana, te propongo que sigas con el régimen disociado, pero que asimismo elijas dos días no consecutivos de la semana en los que practicarás una monodieta.

Práctica de la monodieta

1.er día:

Elige una fruta fresca o un fruto seco. Consume tanta cantidad como desees, a la hora de las comidas y entre horas, cada vez que sientas la necesidad de hacerlo. La fruta se puede comer tal cual, rallada, cocida o en su jugo, pero siempre sola, sin ningún otro alimento.

2.º día:

Elige una verdura y consume tanta cantidad como desees, a la hora de las comidas y entre horas, cada vez que sientas la necesidad de hacerlo. La verdura se puede comer cruda, rallada, cocida, en sopa o en su jugo.

Para saber más

Los distintos tipos de residuos o toxinas

La fuente principal de toxinas es alimentaria.

- En caso de sobrealimentación, una parte de las sustancias nutritivas no se utiliza. Estas sustancias no utilizadas obstruyen inútilmente el terreno y pueden ser consideradas toxinas.
- La utilización normal de sustancias alimentarias produce residuos
  - Los residuos de origen proteico son el ácido úrico, la urea, la creatinina y el ácido oxálico.
  - Los residuos de origen lipídico son el colesterol, los ácidos grasos saturados, el ácido acetoacético y el ácido betahidroxibutírico.
  - Los glúcidos producen los ácidos pirúvico y láctico, así como residuos de almidón mal degradado.

- En casos de mala digestión, las fermentaciones y las putrefacciones intestinales producen venenos: indol y escatol.
- Las toxinas aportadas por los excitantes :(té, café, cacao, tabaco) se conocen como purinas.

Además de los residuos que provienen de los propios alimentos y que son «legítimos», hay montones de residuos que no están previstos en los ciclos biológicos:
- Los productos del tratamiento de cultivos: (insecticidas, herbicidas, fungicidas…) y de ganado (hormonas, medicamentos, antibióticos…)
- Los aditivos alimentarios: colorantes, aglomerantes, conservantes, antioxidantes…
- El alcohol, las drogas y los medicamentos.
- La contaminación del aire, el agua y los suelos.

También forman parte de los residuos a eliminar:
- Las células muertas.
- Los cadáveres de microbios.

MI BALANCE COACHING

Anoto aquí cómo he experimentado los dos días de monodieta y cómo me siento al término de estos.

. . . .
. . . .
. . . .
. . . .
. . . .
. . . .
. . . .
. . . .
. . . .
. . . .

SEMANA 4

Hago un régimen hipotóxico

Durante esta cuarta semana de cura, los cuatro emuntorios siguen siendo estimulados por diversos drenantes. Están bien abiertos gracias a los distintos medios que has utilizado para sostener y activar su trabajo. Conviene que los mantengas funcionando a pleno rendimiento durante toda la semana para seguir liberando el cuerpo de numerosas toxinas. En esta semana introduciremos asimismo el régimen hipotóxico. No se trata de una dieta, sino de un régimen que aporta pocas toxinas y que puedes seguir a largo plazo.

Lo que debo comprar:
➥ 1 o 2 paquetes de ciruelas pasas;
➥ botellas de agua mineral para el hígado.

Para mis intestinos

Reemplazo las semillas de lino por las ciruelas pasas

Siempre con el propósito de descubrir otros drenantes de los intestinos, te propongo reemplazar las semillas de lino por una fruta con virtudes laxantes: la ciruela.

La ciruela estimula los intestinos gracias a su alto contenido en fibras, y sobre todo gracias a su contenido en sorbitol (8%). Se trata de un azúcar que nuestro tubo digestivo no es capaz de digerir. En lugar de ser asimilado y de proporcionar energía como cualquier otro azúcar, baja hasta el colon sin sufrir alteraciones. Su presencia desencadena procesos osmóticos que atraen en el colon el agua contenida en los tejidos. Las heces se humedecen y se ablandan, y son fácilmente evacuadas.

Utilización de las ciruelas

Lo más habitual es utilizar ciruelas pasas, ya que están disponibles a lo largo de todo el año. Según el gusto de la persona, se pueden comer tal cual o remojarlas durante algunas horas en un vaso de agua para que se ablanden. En este último caso, se comen y se bebe el jugo. El momento del día tiene poca importancia, pero conviene fijarse un momento preciso para no olvidarse de tomarlas.

*Por ejemplo, en los desayunos, como tentempié a una hora
precisa o antes de acostarse.*

Toma 3 ciruelas al día, por la mañana o por la tarde.

Si no te gustan las ciruelas, puedes optar por otras frutas
ricas en sorbitol: peras, manzanas, melocotones y albari-
coques. Puedes consumirlas secas, frescas o en su jugo.

MI BALANCE COACHING

Anoto aquí los efectos de la toma de ciruelas durante
una semana y los comparo con los anteriores drenantes
intestinales.

. . . .
. . . .
. . . .
. . . .
. . . .
. . . .
. . . .
. . . .
. . . .
. . . .

OBJETIVO

Tomo ciruelas
pasas durante
toda la
semana.

Para mi hígado

Plantas hepáticas y aguas minerales

La desintoxicación del organismo es un proceso que requiere tiempo. Por lo tanto, se recomienda vivamente seguir tomando diente de león y seguir aplicando la bolsa de agua caliente una o dos veces al día durante toda esta última semana del programa de desintoxicación.

Conviene saberlo

Cuando se toma regularmente una planta, puede ocurrir que el cuerpo se acostumbre al estímulo que aporta y ya no reaccione de la misma forma. Esto se traduce en una desintoxicación menos intensa. Si se diera el caso, habría que ajustar la dosificación elevándola para alcanzar de nuevo la dosis óptima. Otra solución consiste en cambiar de planta. Las demás plantas hepáticas son: el rábano negro, la alcachofa, el cardo bendito, el boldo, etc...

Las aguas minerales y el hígado

Debido a su composición en minerales y en oligoelementos, ciertas aguas minerales tienen una acción estimuladora del hígado. Si se beben regularmente, se induce el hígado a producir más bilis, lo que equivale a eliminar más residuos.

USO DE LAS AGUAS MINERALES

Bebe 1,5 litros de agua mineral hepatoestimulante al día, repartiendo las tomas a lo largo de toda la jornada. Las aguas que tienen una acción sobre el hígado y que se encuentran fácilmente en el mercado son:

- *Contrex*
- *Hépar*
- *Vittel*
- *Thonon*
- *Vichy Célestin*
- *St-Yorre*

OBJETIVOS

- Sigo con la toma de diente de león y con la aplicación de la bolsa de agua caliente.
- Añado el consumo de un litro y medio de agua mineral estimuladora del hígado.

Anoto aquí los efectos de la toma de agua mineral hepática.

INTENSIFICO MI CONSUMO DE AGUA

Hasta ahora el objetivo de la cura de agua era beber los 2,5 litros de agua necesarios para el cuerpo. Durante esta última semana de cura, te propongo intensificar la desintoxicación consumiendo un volumen de agua mucho más elevado: de 3 a 3,5 litros. Este importante aporte de agua no va a ser directamente eliminado, sino que bajará hasta los tejidos y se cargará de toxinas antes de salir del cuerpo. Este gran «lavado» de los tejidos limpia el organismo en profundidad. Es un proceso idéntico al del cauce de un arroyo estancado que queda liberado de lo que lo obstruye en cuanto lo recorre una fuerte corriente.

MI BALANCE COACHING

Anoto aquí los efectos que se han manifestado mientras bebía de 3 a 3,5 litros de líquido al día.

. . . .

. . . .

. . . .

. . . .

. . . .

. . . .

. . . .

. . . .

. . . .

. . . .

. . . .

Para mis riñones

Sigo con la toma de vellosilla

Esta semana, lo único que hay que hacer para estimular los riñones es seguir tomando vellosilla. Su efecto se verá acentuado por el consumo de 3 a 3,5 litros de líquido, incluida el agua hepática, que para algunas personas tiene también un efecto diurético.

Mi balance coaching

Anoto aquí los efectos que experimento.

. . . .
. . . .
. . . .
. . . .
. . . .
. . . .
. . . .
. . . .
. . . .
. . . .
. . . .
. . . .
. . . .

Practico una actividad física

La desintoxicación por la piel se lleva a cabo haciéndola transpirar gracias al calor. Este calor puede venir del exterior, como en el caso de los baño hipertérmicos, las saunas y los hamams. Pero también puede provenir del interior del cuerpo, como resultado de una intensa actividad física.

Durante los ejercicios físicos, las contracciones musculares y la intensidad del ritmo respiratorio y circulatorio aceleran todos los metabolismos, con lo cual se genera calor. La temperatura del cuerpo sube. Ya no es de 36,5 °C, sino de 37 °C, 38 °C o más. Cuanto más intenso es el ejercicio, más sube la temperatura.

El sudor obtenido mediante el ejercicio físico está más cargado de toxinas. El motivo es que las contracciones musculares reiteradas generan un gran ajetreo sanguíneo en las profundidades de los tejidos, lo cual hace remontar muchos residuos. Son arrancados de los tejidos y retornan a la superficie. Así pues, el sudor expulsado está mucho más cargado.

Para esta 4.ª semana de desintoxicación, te propongo que hagas 2 o 3 sesiones de ejercicios para transpirar abundantemente. Las actividades físicas deben adaptarse a tus posibilidades. También deben gustarte para que tengan una vertiente recreativa. Según el gusto de cada persona, puede tratarse de un deporte (*footing*, tenis, bicicleta...) o de una actividad de ocio (carreras en la montaña, caminatas, jardinería, danza...)

Para que la temperatura del cuerpo aumente más fácilmente y desencadene abundantes sudoraciones, hay que retener en el cuerpo el calor que este produce. Una manera de hacerlo es vestirse con prendas calientes, jerséis, mallas, chándal, impermeable, etc.

Una vez que comienza la sudoración, no interrumpas la actividad física. Sigue practicándola durante más o menos tiempo, en función de tu resistencia individual, para favorecer la eliminación de toxinas.

LA ELIMINACIÓN DE TOXINAS POR LOS PULMONES

El drenaje de los pulmones no forma pare de esta cura de desintoxicación. No he hablado de ellos porque los pulmones son ante todo un emuntorio especializado en la eliminación de gases. Los residuos «sólidos» que los obstruyen son residuos que normalmente deberían ser eliminados por el hígado y los intestinos. Estos dos órganos ya están fuertemente estimulados durante la cura de desintoxicación presentada en este libro. Indirectamente, los pulmones se habrán limpiado de una parte de sus residuos.

No obstante, para las personas cuyas vías respiratorias siguen obstruidas, he aquí dos maneras de drenar las toxinas de los pulmones:

- El jadeo voluntario obtenido con una buena sesión de footing, un paseo en bicicleta a ritmo acelerado, etc., genera un intenso movimiento de vaivén del aire en las vías respiratorias, lo cual facilita el desprendimiento y la eliminación de las mucosidades.
- Tres o cuatro sesiones durante una semana efectuarán una buena limpieza del árbol bronquial.

SEMANA 4

- Las plantas medicinales como el tomillo, el eucalipto, el llantén, el tusilago... tienen la propiedad de desprender y fluidificar los mocos presentes en las vías respiratorias, lo cual favorece su expulsión.
- Estas plantas se toman en forma de infusión, a razón de 3 tazas al día durante una semana.

MI BALANCE COACHING

Anoto aquí los efectos observados tras la práctica de ejercicio físico para transpirar.

OBJETIVOS

• Elijo 2 días en los que me dedico a realizar una actividad física intensa para transpirar.
• Si siento la necesidad de ello, sigo con la toma de baños hipertérmicos y de plantas sudoríficas.

Procuro tener una alimentación sana

Los residuos que tratas de expulsar de tu cuerpo tienen su origen en tu modo de alimentación pasado. Tras este programa de desintoxicación, en lugar de volver a tus hábitos alimentarios sería preferible que adoptaras un nuevo modo de alimentación, más sano. Es algo que puedes lograr siguiendo durante esta última semana de cura, pero también después, un régimen hipotóxico que, como su nombre indica, es pobre en toxinas.

El régimen hipotóxico

Simplificando mucho, se puede afirmar que hay dos tipos de alimentos:

- Los alimentos concentrados, grandes productores de toxinas, como la carne, el pescado, el queso, las grasas animales, las leguminosas, los cereales y los falsos alimentos de los que ya hemos hablado.
- Los alimentos poco concentrados, pequeños productores de toxinas, como las frutas frescas, los frutos secos y oleaginosos, así como todas las legumbres y las farináceas ligeras: patata, castaña, etc...

El régimen hipotóxico no excluye ningún alimento. Lo que importa son las cantidades consumidas. Mientras que, a menudo, la mayor parte de las comidas se componen de alimentos concentrados, en el régimen hipotóxico se produce lo contrario. En efecto, este régimen se compone de aproximadamente un 70% de alimentos pequeños productores de toxinas y sólo un 30% de alimentos concentrados.

Concretamente, esto significa que las comidas se componen de una gran base vegetal (legumbres y farináceas ligeras) y de una pequeña parte animal y de farináceas concentradas.

Ejemplo de régimen hipotóxico

7 h	9 h	12 h	16 h	19 h
o bien: *pan integral + mantequilla + miel*	*frutos secos*	**Generosamente:** ➡ *ensalada verte y/o hortalizas* ➡ *legumbres cocidas y/o farináceas ligeras*	*fruta fresca*	*idem 12 h*
o bien: *cereales + leche*		**Moderadamente:** ➡ *farináceas concentradas: cereales o legumbres* ➡ *proteína animal: carne, pescado, huevo o queso*		

Bebidas: *agua, infusión, zumos de verduras o de frutas (preferiblemente mezclados con agua)*

Cocción: *al baño maría, a la parrilla... sin demasiada materia grasa, con aceite vegetal (evita la mantequilla)*

Anoto aquí cómo me siento tras una semana de régimen hipotóxico.

. . . .
. . . .
. . . .
. . . .
. . . .
. . . .
. . . .
. . . .
. . . .
. . . .
. . . .
. . . .
. . . .
. . . .
. . . .
. . . .
. . . .
. . . .
. . . .
. . . .
. . . .
. . . .
. . . .

CONCLUSIÓN

Hemos llegado al término de las cuatro semanas de tu cura de desintoxicación. A lo largo de la cura, los emuntorios han eliminado las toxinas que los obstruían, lo cual les ha permitido filtrar los residuos que transportaba la sangre. Una vez que la sangre se ha purificado, los sueros extracelulares se han librado de sus toxinas expulsándolas en la sangre, que las ha conducido hasta los emuntorios. Conforme el suero extracelular se ha ido purificando, las células han podido expulsar en él más toxinas para que sean transportadas hacia la sangre, y luego hacia los emuntorios.

Así, día tras día, el cuerpo se ha ido deshaciendo de toxinas situadas en zonas cada vez más profundas de los tejidos. El terreno se ha purificado cada vez más. Es algo que puedes comprobar porque te sientes más ligero y en mejor forma. Algunos trastornos de salud se han atenuado, o incluso han desaparecido.

El terreno está ahora mucho más limpio, sería una lástima volver a ensuciarlo retomando un modo de alimentación malsano. Este es el motivo por el que la cura termina con la introducción del régimen hipotóxico. El objetivo es que te acostumbres a una forma de alimentarte menos tóxica y que puedas seguir aplicando en tu día a día.

Un mes de drenaje constituye una excelente cura de desintoxicación. Sin embargo, algunas personas tienen que eliminar aún más toxinas. Estas toxinas se alojan en las profundidades de los tejidos o se acumulan de nuevo por culpa de los hábitos alimentarios. Por lo tanto, sería beneficioso que estas personas siguieran una nueva cura de desintoxicación dentro de unos meses. Esta cura puede hacerse de la misma forma que la anterior, o modificarse en función de las experiencias adquiridas.

La salud no es cuestión de suerte. Es el resultado de los esfuerzos que realizamos para mantenerla. Desintoxicar es una manera activa de trabajar en ello, ya sea para prevenir o para curar.

BALANCE COACHING DE FINAL DE CURA

Has experimentado muchas cosas durante esta cura. Algunas han sido placenteras, otras menos, pero has aprendido a conocer mejor el funcionamiento de tu cuerpo y las distintas técnicas de desintoxicación.

Aprovecha que estas experiencias están aún frescas para anotar los aspectos importantes que podrían ayudarte en una próxima cura.

• Anoto los drenantes que han sido más eficaces para mí (planta, baño, agua mineral, beber mucho...).

. . . .
. . . .
. . . .

• Anoto qué emuntorio me resulta más fácil estimular, aquel con el que siempre puedo contar cada vez que quiera librarme rápidamente de las toxinas.

. . . .
. . . .
. . . .

• Anoto el emuntorio sobre el cual debería trabajar más porque parece ser el más débil.

. . . .
. . . .
. . . .

• Anoto las medidas dietéticas especialmente eficaces para mí (régimen disociado, monodietas, eliminación de los falsos alimentos...)

. . . .
. . . .
. . . .